der Sattelclub™

... hält immer zusammen

Liebe Sattelclub-Freundin,

vorne im Umschlag des Buches findest du deine neue Sattelclub-Pferdekette mit einem magischen Schmuckstein.

Der schillernde Stein kann etwas Besonderes: Er ändert seine Farbe, je nachdem, wie es dir geht. Lege dir die Sattelclub-Pferdekette am besten gleich um den Hals. So kann jeder sehen, dass du eine begeisterte Pferdenärrin bist – genau wie Stevie, Lisa und Carole!

Mit dem Pferdeanhänger zeigst du allen, wofür dein Herz schlägt: für deine geliebten Pferde und das Reiten.

Damit trägst du immer bei dir, was auch die drei Mädchen vom Sattelclub zusammenschweißt: Freundschaft und die Liebe zu Pferden!

Inhaltsverzeichnis

Kennst du Pine Hollow?

Lisa Atwood, Carole Hanson und Stevie Lake sind die besten Freundinnen der Welt und lieben ihre Pferde über alles. Ihre gemeinsame Leidenschaft ist das Reiten, und zusammen sind sie als **der Sattelclub** bekannt.

Lisa Atwood wohnt mit ihrer kleinen Schwester Melanie und ihrer Mutter in der Nähe des Reitstalls Pine Hollow. Sie möchte später einmal eine tolle Springreiterin werden und ist sehr ehrgeizig. Deshalb trainiert sie auch hart mit ihrer geliebten Prancer, um die sie sich liebevoll kümmert. Allerdings mag Lisa auch schöne Kleider und lässt sich manchmal zu schnell ängstigen – aber ihren Freundinnen vom Sattelclub ist sie stets eine zuverlässige Freundin.

Carole Hanson hat eine tragische Geschichte: Ihre Mutter starb, als sie noch ein kleines Mädchen war. Ihr Vater, ein Colonel beim Militär, wird oft versetzt und kann nie lange an einem Ort bleiben.

Deshalb lebt Carole auf Pine Hollow. Carole legt größten Wert auf Freundschaft, ist grundehrlich und eine der besten Reiterinnen von Pine Hollow. Ihr Pferd heißt Starlight. Wenn Carole wieder einmal traurig ist, trösten sie ihre Freundinnen.

Stevie Lake ist ein echter Kumpel zum Pferdestehlen! Zwar zählt sie nicht zu den elegantesten Reiterinnen auf Pine Hollow, aber sicher zu den wagemutigsten und schnellsten. Auf ihrer Stute Belle hängt sie querfeldein sogar die Jungs vom Reitstall ab! Sie hat ja auch zwei kleine Brüder und muss sich oft durchsetzen, weil ihre Eltern häufig unterwegs sind. Und wenn sie mal wieder zu wild wird, bremsen Lisa und Carole sie ein. Aber dafür sind Freundinnen ja da.

Die verwöhnte Millionärstochter **Veronica diAngelo** geht dem Sattelclub ganz schön auf die Nerven. Ständig versucht sie, die Freundinnen zu entzweien, weil sie ihnen die enge Freundschaft neidet. Veronica ist stets schick gekleidet, ziemlich überheblich und spielt manchmal mit faulen Tricks – aber das Reiten nimmt sie so ernst wie der Sattelclub. Auf ihrem Vollblut Garnet will sie die Beste sein!

Desiree Biggins, genannt Desi, ist die Tochter eines reichen Bauunternehmers und lebt noch nicht so lange mit ihrer Familie in der Nähe von Pine Hollow. Sie reitet gut, aber sucht noch nach einem Pferd, das zu ihr passt. Desi ist immer fair und kommt mit allen gut aus. Ob mit Veronica, den Mädchen vom Sattelclub oder auch Simon. Doch Veronica möchte Desi ganz für sich allein haben.

Melanie, die kleine Schwester von Lisa, reitet noch nicht, ist jedoch gern auf Pine Hollow – zusammen mit ihrer besten Freundin **Jessie**. Diese stammt aus einer alten Zirkusfamilie von Jongleuren und Reitern. Gemeinsam hegen und pflegen die zwei den störrischen kleinen Esel Trouble.

Mrs Reg ist die Besitzerin des Reitstalls Pine Hollow. Sie ist stets wie eine Mutter für die Mädchen da, wenn diese Sorgen und Kummer haben. Mrs Reg hat früher auf Turnieren zahlreiche bedeutende Preise gewonnen. Jetzt aber bringt sie den vielen Mädchen und Jungs das Reiten bei, die zu ihr in den Reitstall kommen.

Ihr Sohn **Max** ist für die Organisation des Reitstalls verantwortlich. Er ist manchmal streng, meint es aber immer gut.

Simon hat früher den ganzen Tag am Computer verbracht. Deswegen haben seine Großeltern, bei denen er lebt, ihn nach Pine Hollow geschickt. Seine Angst vor Pferden war zuerst groß, aber er lernte immer besser, mit ihnen umzugehen. Er hat ein gutes Herz und ist immer hilfsbereit. Allerdings ist Simon auch ein wenig tollpatschig, was ihm so manchen Ärger einbringt.

Goldfieber

Es war ein sonniger Tag, und die Mädchen vom Sattelclub, Lisa, Stevie und Carole, ritten fröhlich durch den dichten Wald. Sie genossen es, zusammen zu sein und mit ihren geliebten Pferden auszureiten. Auf einmal scheute Belle, und Stevie hatte große Mühe, sich im Sattel zu halten.

„Was ist denn, Belle?", rief sie erschrocken und versuchte, Belle zu beruhigen.

„Seht doch, da unten!" Lisa hatte den Grund für Belles eigenartiges Verhalten entdeckt.

Zwischen den Baumstämmen ging es einen Abhang hinunter, der zu einem verfallenen Eingang führte. Kein Wunder, dass Belle sich erschrocken hatte!

Carole meinte verwundert: „Ob das eine Mine ist?"

Sie kehrten um und folgten ihren eigenen Hufspuren. Bald fanden sie auf einen Weg zurück, den sie gut kannten. Nicht weit von hier hatte nämlich Jessies Großvater seinen Wohnwagen auf einer Lichtung im Wald stehen. Dort wollten sie hin.

Früher war er mit diesem Wohnwagen durch die Welt gezogen. Als „Der große Orlando" war er im Zirkus aufgetreten und weithin bekannt. Aber das war lange her. Heute zog Jessies Großvater nicht mehr um die Welt, sondern kümmerte sich um seine Enkelin. Seine langen Haare waren inzwischen grau, aber er war alles andere als ein normaler Großvater: Er trug gern einen lustigen blauen Hut, den er von einer Zirkustournee mitgebracht hatte. Und welcher Großvater lebte schon mitten im Wald in einem Wohnwagen?

Jessie und ihre Freundin Melanie liebten es, ihre Hausaufgaben bei Orlando zu machen. Er hatte immer einen Zaubertrick parat, und so gingen die lästigen Schulaufgaben viel schneller vorbei. So war es auch heute, als Carole, Lisa und Stevie von ihren Pferden abstiegen.

„Wir haben etwas entdeckt. Es sieht aus wie ein Mineneingang", berichtete Stevie.

Der alte Mann nickte. „Ah, eine der alten Goldminen. Davon gibt's hier noch einige", sagte er geheimnisvoll.

Die Neugier der Mädchen war geweckt. Sie sahen sich erstaunt an, und Stevie raunte: „Gold am Willow Creek?"

Lisa fragte ihn erwartungsvoll: „Haben Sie mal Gold gefunden?"

Lachend zog Orlando hinter dem Ohr von Jessie einen goldenen Stein hervor und hielt ihn triumphierend in die Höhe. Ungläubig starrten die Mädchen auf seine Hand. Der Zaubertrick war gelungen, alle lachten begeistert.

Jessie erklärte den anderen den Unterschied zwischen echtem Gold und Katzengold. Der glänzende Stein war nur Katzengold, und das war überhaupt nichts wert.

Auf dem Rückweg nach Pine Hollow gab es kein anderes Thema. Auch später, als die Mädchen absattelten und ihre Pferde versorgten, rätselten sie immer noch, ob es wohl wirklich noch Gold in der Gegend gäbe. Jedes Mädchen hatte seine eigenen Vorstellungen davon, was es mit dem ganzen Reichtum anstellen würde. Stevie wollte zum Beispiel für alle neue Westernsättel kaufen.

In diesem Moment kam Veronica in den Stall gelaufen.

„Als ob du dir das je leisten könntest", sagte sie mit einem überheblichen Grinsen.

Melanie erwiderte schnippisch: „Wenn wir das Gold finden, schon."

Veronica sah sie verständnislos an. Da erzählte Jessie stolz, dass ihr Großvater gesagt hatte, in der Gegend könne es durchaus noch Gold geben.

Damit konnte sie aber Veronica überhaupt nicht beeindrucken, im Gegenteil. Verächtlich gab die Jessie zu verstehen, was sie von deren Großvater hielt: „Der große Orlando. Ha! Wer glaubt schon, was dieser verrückte alte Mann sagt?!"

Das ließ Jessie nicht auf ihrem Großvater sitzen. „Er ist nicht verrückt!", rief sie entsetzt aus.

Veronicas Gesichtsausdruck verfinsterte sich. Böse presste sie hervor: „Wenn er tatsächlich wüsste, wo Gold liegt, dann besäße er mindestens eine Villa, und nicht diesen dreckigen alten Wohnwagen."

Jessie starrte Veronica mit offenem Mund an. Wieder verteidigte sie ihren Großvater: „Großvater sagt, Zirkusvolk lebte niemals in Häusern."

Kopfschüttelnd sah Veronica auf Jessie hinunter. In der Welt, in der Veronica lebte, waren Menschen wie Orlando nur Verlierer. Wenn jemand wirklich Geld hatte, dann zeigte er es auch. Weil der Großvater von Jessie in einem Wohnwagen lebte, war er in Veronicas Augen nichts wert. Sie setzte noch eine Gemeinheit nach: „Das sind alles schwache Ausreden. Genauso schwach wie dein Großvater, der stärkste Mann der Welt."

Jessie blieb zunächst wie versteinert stehen und rannte dann weinend aus dem Pferdestall.

Melanie blitzte Veronica böse an und lief ihrer Freundin hinterher, um sie zu trösten.

Auch Lisa, Stevie und Carole, die den Streit mitgehört hatten, starrten wütend zu Veronica hinüber. Aber die zuckte nur mit den Schultern. Schließlich hatte sie doch nur die Wahrheit gesagt, ihre Wahrheit jedenfalls.

Am Nachmittag war mit Jessie nichts mehr anzufangen. Sie ließ den Kopf hängen und war, wie Melanie sagte, „Veronica-geschädigt". Die Mädchen vom Sattelclub sahen sich das nicht lange an. Sie sannen auf Rache. Jüngere Mädchen fertigzumachen, das wollten sie Veronica nicht durchgehen lassen.

Lisa hatte eine Idee: „Wenn wir es Veronica zeigen wollen, müssen wir denken wie Veronica."

Stevie fragte grinsend: „Fies?"

Und Carole lachte: „Versnobt?"

Lisa sah die beiden vielsagend an und sagte: „Nein, hinterhältig!"

Sie erklärte den beiden Freundinnen ihren Plan. Melanie sollte den Lockvogel spielen. Sie würden behaupten, dass sie nahe der Mine am neuen Reitweg einen echten Goldklumpen gefunden hätten. Melanie sollte versprechen, dichtzuhalten. Natürlich wussten alle, dass Melanie kein

Geheimnis für sich behalten konnte, sondern es sofort mit ihrer besten Freundin Jessie teilte. Und da diese auch alles ausplauderte, würde Veronica schnell davon erfahren.

Der Sattelclub hatte sich nicht verrechnet. Der Plan ging auf. Schon am nächsten Tag beobachteten sie, wie Veronica sich auf den neuen Reitweg begab. Lisa, Carole und Stevie hatten alles gut vorbereitet und versteckten sich in der Nähe des Mineneingangs. Kaum hatten sie sich hinter die Büsche gekauert, kam auch schon Veronica auf Garnet angeritten. Sie band ihr Pferd fest und ging den sandigen Weg zum Eingang der Mine hinunter. Schon bald entdeckte sie den ersten glitzernden Stein. Gierig zog sie ihn aus dem Sand und krabbelte auf allen vieren den Hang hinauf. Noch ein Stück Katzengold blinkte weiter oben.

Stevie, Lisa und Carole mussten aufpassen, dass sie nicht laut loslachten. Wie ein Hund buddelte Veronica im Sand, in der Hoffnung, noch mehr Goldklumpen zu finden. Ihre edle hellgelbe Reithose war völlig verdreckt, ebenso wie ihre weiße Bluse und die schicke rote Weste. Glucksend sahen die anderen zu, wie Veronica den halben Hang hinunterrutschte und dann wieder hinaufkletterte, um noch mehr Katzengoldstücke an sich zu reißen.

„Sie ist buchstäblich reingefallen", freute sich Stevie. Lisa und Carole nickten zufrieden.

Veronica ahnte nicht, dass sie beobachtet wurde. Noch weniger konnte sie sich vorstellen, dass dies alles nur eine Falle war, um ihr die Gemeinheiten zurückzuzahlen.

In der Zwischenzeit bereiteten sich noch zwei andere Goldsucher auf einen Besuch bei der Mine vor. Auch Melanie und Jessie hatte das Goldfieber gepackt. Die beiden nahmen sich von Orlando Schaufel, Hacke und Zeltlampe. Der kleine Esel Trouble trug brav seine Last, und schon bald erreichten sie den Eingang der Mine.

Die Sattelclub-Mädchen und Victoria waren schon längst wieder auf Pine Hollow, sodass niemand die zwei jungen Goldsucherinnen bemerkte.

Bald schon machte sich auf den Gesichtern von Melanie und Jessie Enttäuschung breit: Ihre Hände hatten schon Blasen vom ungewohnten Werkzeug, und noch immer hatten sie kein Klümpchen Gold gefunden. Sie hielten inne und überlegten. Melanie seufzte.

„Es muss da drin sein", sagte sie und zeigte auf den Eingang zur alten Mine.

Ängstlich starrte Jessie in den dunklen Eingang. Auch Melanie blickte unglücklich drein. Beide holten tief Luft. Dann sagte Jessie entschlossen: „Wenn wir Gold finden, dann muss Veronica sich für das, was sie gesagt hat, entschuldigen."

Melanie nickte und holte wortlos die Zeltlampe. Beide schenkten dem alten verwitterten Schild „Gefahr! Betreten verboten" keine Beachtung.

Modrige Luft schlug ihnen entgegen. Vorsichtig gingen sie hinein. Seltsame Schatten tanzten an den Wänden. Es war totenstill. Nur ihre eigenen Schritte hallten auf unheimliche Weise wider.

Plötzlich blitzte etwas Goldenes im Schein der Lampe auf. Zögerlich führte Melanie den ersten Schlag mit der Hacke aus. Hinter ihnen knarrten die Balken. Sand rieselte auf ihre Schultern. Wieder schlug sie in die Wand. Das Knarren wurde lauter. Vom fahlen Licht der Zeltlampe erhellt wagte Melanie einen weiteren Versuch.

Das war zu viel. Das Knarren wurde lauter, ein Balken brach, und Steinbrocken polterten krachend von der Decke. Jessie und Melanie liefen schreiend weiter in den Berg hinein, während hinter ihnen die Decke einbrach und eine große Staubwolke sie völlig einhüllte.

Es dauerte eine Weile, bis Jessie sich hustend aufsetzen konnte. Sie hatte Glück gehabt. Zwar war sie voller Dreck und Staub, aber sie war nicht verletzt. Verzweifelt rief sie mehrmals Melanies Namen. Endlich fand sie ihre Freundin.

„Ich kann mich nicht bewegen", sagte Melanie mit schmerzverzerrtem Gesicht.

„Da liegt so ein blöder Balken auf dir drauf", meinte Jessie. Sie versuchte ihn anzuheben, aber er war viel zu schwer.

Währenddessen begann Orlando, sich Sorgen um seine kleine Enkelin zu machen. Er ritt nach Pine Hollow. Als er Lisa und Stevie erzählte, dass seine Spitzhacke und seine Lampe verschwunden waren, war den Mädchen sofort klar, wo Jessie und Melanie sein mussten.

„Es ist unsere Schuld, Orlando", sagte Lisa sorgenvoll.

Eilig ritten sie mit Orlando zur alten Mine, wo Trouble noch immer brav wartete.

Voller Sorge liefen die drei in den dunklen Gang und riefen nach Jessie und Melanie.

Die verschütteten Mädchen wurden derweil immer verzweifelter. Melanie konnte nur noch schlecht Luft holen.

„Das Ding zerquetscht mich. Was ist, wenn niemand kommt?"

Jessie versuchte, ihrer Freundin Mut zu machen und nahm ihre Hand: „Die kommen. Wir halten das durch!"

Melanie nickte nur matt. Lange würde sie das jedoch nicht mehr aushalten.

Auf der anderen Seite blieb Lisa vor dem Berg aus Steinen und Geröll stehen. „Sie müssen hinter diesem Schutt sein."

Sofort begannen Stevie und Lisa mit bloßen Händen, die Steine wegzuräumen. Wieder riefen sie nach Jessie und Melanie. Orlandos verzweifelte Stimme hallte im Minengang wieder.

Plötzlich hörten sie Jessies Stimme: „Ja, wir sind hier. Holt uns bitte raus! Hilfe!"

Orlando, Stevie und Lisa gruben weiter. Schon bald hatten sie so viele Steine und Schutt zur Seite geräumt, dass sie zu den eingeschlossenen Mädchen durchkriechen konnten. Orlando blieb nichts anderes übrig, als zu versuchen, den Balken, der auf Melanie gestürzt war, hochzuheben.

Jessie sah ihren Großvater Hilfe suchend an: „Schaffst du das?"

„Ich bin der Große Orlando, oder nicht?", antwortete er und arbeitete stöhnend. Das Gebälk im Minengang knarrte gefährlich.

„Los, du schaffst das! Das weiß ich genau", feuerte Jessie ihren Großvater an. Noch einmal ächzte und keuchte Orlando, doch dann war es tatsächlich geschafft, und Melanie war befreit.

„Los, alle raus hier!", schrie Orlando.

Sie rannten hinaus ins Freie. Hinter ihnen polterten Steine zu Boden. Eine Staubwolke stob aus dem Eingang. Sie waren in Sicherheit. Aber wo war nur Orlando? Die Mädchen hielten sich aneinander fest. Voller Sorge starrten sie auf den Mineneingang. Endlich kam Orlando hustend zum Vorschein, und Jessie fiel ihm glücklich in die Arme. Lisa und Stevie umarmten Melanie.

„Es tut uns so leid, Melanie", entschuldigte sich Lisa bei ihrer Schwester. Das hatte sie nicht gewollt.

Nach einer gründlichen Dusche gab es noch eine wichtige Sache zu erledigen. Zusammen mit Jessie, Orlando und Melanie ging der Sattelclub in JB's Café, wo Veronica Desi gerade von einem mit Diamanten besetzten Anhänger vorschwärmte. Veronica hatte ihn sofort beim Juwelier bestellt, nachdem sie das ganze Gold gefunden hatte.

Jessie stellte sich breitbeinig vor Veronica hin und sagte: „Du sollst dich entschuldigen, weil du unrecht hattest mit meinem Großvater."

Und sie erzählten ihr davon, wie Orlando Melanie gerettet hatte.

Veronica glaubte ihr kein Wort. Auch als Jessie ihr grinsend erzählte, dass der Sattelclub ihr einen Streich gespielt hatte, gab Veronica nur ein müdes und arrogantes Lächeln von sich. Sie wollte einfach nicht glauben, dass es nur Katzengold war, was sie gefunden hatte. Wie sollte sie auch zugeben, dass sie auf einen Streich vom Sattelclub hereingefallen war?

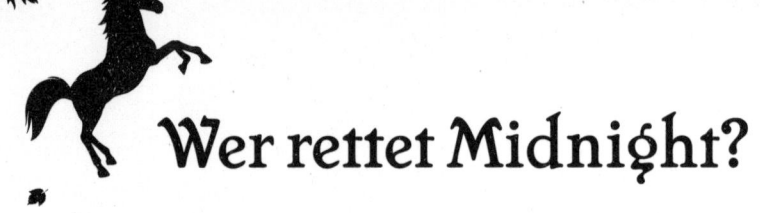

Wer rettet Midnight?

Desiree, genannt Desi, führte Midnight am Halfter auf den Hof. Ihr Vater hatte ihr den stolzen schwarzen Wallach geschenkt und dafür eine Menge Geld ausgegeben. Doch es schien, als ob Desi und Midnight einfach nicht zueinander finden würden.

So war es auch an diesem Morgen. Das Pferd gehorchte kein bisschen und trat Desi stattdessen auf den Fuß. Sie schrie vor Schmerz auf.

Mrs Reg und Simon beobachteten die beiden, und Simon meinte: „Dieses Pferd ist bösartig."

Für Desis Vater war der Fall klar. Er wollte den Vollblut-Wallach verkaufen und Desi ein neues Pferd schenken. „So ist mein Dad", sagte Desi immer, „sieht er ein Problem, dann löst er es."

Doch weder Desi noch ihr reicher Vater ahnten, dass man ein schwieriges Pferd nicht einfach so loswerden kann. Seine Stärken und Schwächen müssen beim Verkauf angegeben werden. Im Pferdesport galten nun einmal ungeschriebene Gesetze. Und das machte Mrs Reg Desi in einem ernsten Gespräch klar. Jeder wusste, dass so ein

Verkauf kompliziert, wenn nicht sogar unmöglich werden würde. Für Desis Vater gab es deswegen nur einen Weg, weitere, für ihn sinnlose Kosten zu vermeiden und das Pferdeproblem loszuwerden: Midnight musste eingeschläfert werden.

Alle auf Pine Hollow sahen, wie hin und her gerissen Desi war. Sie fühlte sich so schuldig und hilflos. Sie glaubte nicht, dass Midnight bösartig war. Aber es war nun einmal so: Sie kam nicht mit ihm zurecht.

Als Simon erfuhr, dass Midnight eingeschläfert werden sollte, war auch er betroffen. Die Entscheidung kam ihm grausam vor. Obwohl Simon das Verhalten des Pferdes nicht verstand, hatte er Mitleid mit dem störrischen Midnight. Vielleicht lag es daran, dass auch Simon sich oft unverstanden fühlte. Erst seit der Junge viel Zeit auf Pine Hollow verbrachte, hatte er neue Freunde gefunden.

Simon nahm all seinen Mut zusammen und ging zögernd mit kleinen Schritten in den Stall. Nachdenklich sah er Midnight an.

„Wenn man mich für jeden Mist, den ich gebaut habe, gleich so bestraft hätte, dann ...", sagte er. Er sprach nicht aus, was dann passiert wäre. Stattdessen meinte er: „Du verdienst eine zweite Chance!"

Der große schwarze Wallach sah ihn an, nickte mit dem Kopf und stieß plötzlich das Boxentor auf. Simon erstarrte.

Er stammelte: „Bitte tu mir nichts!" Er konnte kaum glauben, was jetzt geschah. Midnight ging auf ihn zu und legte behutsam seinen Kopf über Simons Schulter.

An den folgenden Tagen besuchte Simon Midnight häufiger. Es schien, als ob das Pferd Simon mochte und in dessen Nähe gefügiger und freundlicher war.

Lisa beobachtete die beiden zufällig, wie sie sich langsam aneinander herantasteten. Es war amüsant anzusehen, wie Midnight bei Simons Befehl „Komm, Schritt!" rückwärts anstatt vorwärts ging.

Der Junge, der vorher große Furcht vor Pferden gehabt hatte, entwickelte einen ungeahnten Ehrgeiz, Midnight zu seinem Freund zu machen. Seine Zeit verbrachte er ab jetzt häufig bei ihm im Stall. Er ließ sich selbst dann nicht entmutigen, als der Wallach plötzlich stieg und Simon sich gerade noch aus der Box retten konnte.

Lisa hatte eine Vermutung, warum Midnight sich so seltsam verhielt. Um der Sache auf den Grund zu gehen, las sie heimlich in den Akten über ihn nach. Und tatsächlich: Der Vorbesitzer des Pferdes war wegen Tierquälerei angezeigt worden. Er hatte Midnight brutal mit der Gerte traktiert.

Mrs Reg hatte zwar Verständnis dafür, dass ihre Schüler es nicht gut fanden, dass Midnight eingeschläfert werden sollte, aber sie sah auch keine andere Lösung. Schon am nächsten Tag sollte der Tierarzt deswegen kommen.

Die Mädchen vom Sattelclub dachten fieberhaft darüber nach, wie man Desis Vater vielleicht umstimmen könnte. Schließlich machten sie Simon einen Vorschlag.

„Was wäre, wenn jemand ihm für Midnight ein interessantes Kaufgebot machen würde?", gab Carole zu bedenken.

Stevie setzte hinzu: „Jemand, der ihn lieb hat. So wie du."

Desi, die hoffte, das Pferd vor dem Tod retten zu können, fragte ihren Vater.

Der war bereit, es Simon zu überlassen, allerdings gegen die Zahlung von 500 Dollar. Als Simon das hörte, schüttelte er geknickt den Kopf und fragte: „Wovon soll ich das bezahlen?"

Das wusste der Sattelclub auch noch nicht, aber die Mädchen wollten sich nicht unterkriegen lassen. Schließlich war das Wichtigste, Midnight und Simon eine Chance zu geben.

Carole sagte zuversichtlich: „Ums Geld kümmern wir uns."

Das war leicht gesagt, aber 500 Dollar war eine Menge Geld.

Sie beschlossen, sich in JB's Café eine heiße Waffel mit Sahne zu gönnen. Dabei konnte man immer gut nachdenken.

„Wieso geben wir nicht hier ein Wohltätigkeitskonzert?", schlug Stevie vor. „Eine Talentshow! Mit verschiedenen Acts."

Der Kellner, der ihnen gerade die Waffeln an den Tisch brachte, nickte anerkennend, und meinte: „Der Boss fänd's gut. Wenn ihr singt, ist der Laden immer voll."

Carole war Feuer und Flamme: „Wir treten erst auf und dann sammeln wir Geld."

Sie wussten, dass dies Midnights letzte Chance war. Desis Vater war bestimmt nicht der Typ, der sich lange hinhalten ließ. Für ihn ging es nur um ein Geschäft.

In JB's Café war am Abend wirklich kein einziger Platz mehr frei. Keiner wollte die Talentshow verpassen. Auch Jessie und Melanie hatten eine Nummer vorbereitet: Madame Jessica, die geheimnisvolle Gedankenleserin, mit ihrer bildschönen Assistentin Melanista. Unter großem Applaus betraten sie die Bühne. Sie waren in glitzernde Tücher gehüllt und sahen aus wie Wahrsagerinnen auf dem Rummelplatz. Niemand ahnte, mit welch schlauem Trick sie sich vorbereitet hatten: Melanie hatte Veronica und Desi, die etwas abseits an der Bar saßen, abgelenkt, sodass Jessie sich für einen kurzen Moment Veronicas Handtasche schnappen konnte. Als sie dann Veronica als „Freiwillige" auf die Bühne baten, hatten sie leichtes Spiel.

„Ich sehe Probleme in deinem Mund", hauchte Jessie geheimnisvoll. Die Zuschauer lachten.

Veronicas Augen verengten sich, und sie presste wütend ihre Lippen aufeinander.

„Ich sehe große Schmerzen und einen Mann in einem weißen Kittel." Veronica sah sie verdattert an.

Desi hatte sich rasch zusammengereimt, was passiert war, sah in Veronicas Handtasche nach und fand einen Zettel.

„Okay, hier, Veronica hat einen Zahnarzttermin."

Unter großem Gejohle verließ Veronica die Bühne.

Nun war es Zeit für den Höhepunkt des Abends: Carole, Lisa und Stevie sangen „Storm", ihren Song für Midnight.

Begeisterter Applaus war ihnen sicher, und der Abend war wirklich ein voller Erfolg.

Umso größer war die Enttäuschung, als der Sattelclub dann am Ende mit Simon das gespendete Geld zählte. Carole tippte die letzte Zahl in ihren Taschenrechner und sagte: „So kommen wir auf insgesamt 205 Dollar."

Das hatten sie sich anders vorgestellt!

„Das reicht nicht mal annähernd", meinte Lisa traurig. Sie brachte den Reiterhelm, in dem sie die Spenden gesammelt hatten, zu Mrs Reg, die das Geld verwahren sollte.

Sie hatten nicht einmal die Hälfte zusammen bekommen! Nun waren sie wirklich ratlos. Wie sollten sie nur so viel Geld auftreiben?

Am nächsten Morgen wachte Simon sehr früh auf. Er hatte in seiner Verzweiflung einen Plan gefasst. Die Sonne war gerade erst aufgegangen, als er Midnight aus dem Stall führte und mit ihm Pine Hollow verließ. Mit seinem neuen Freund zu fliehen, erschien ihm als der einzige Ausweg, um das Pferd vor dem Tod zu retten.

Simon hatte keine Ahnung, wohin er gehen sollte. Immer tiefer geriet er in den Wald hinein, und schon bald taten ihm seine Füße weh. Da überwand er sich und stieg auf Midnights Rücken! Das Pferd ließ ihn gewähren und ging ein paar Schritte mit ihm. Doch plötzlich warf es Simon ab und galoppierte in Windeseile davon. Simon hatte keine Chance, ihm zu folgen.

Als er es endlich wiederfand, stockte ihm der Atem, als er einen Abhang hinunter blickte. Midnight stand am Rand einer Schlucht und konnte nicht mehr vor und nicht zurück. Ein falscher Schritt und er würde in den sicheren Tod stürzen.

Simon ließ sich entmutigt auf einen Baumstumpf fallen und schlug die Hände vors Gesicht. Er sah keinen Ausweg mehr. „Es tut mir so leid! Ich wollte dich retten und hab nur Mist gebaut. Wie immer."

Auf Pine Hollow herrschte inzwischen große Aufregung. Veronica machte Lisa, Carole und Stevie schwere Vorwürfe, weil sie glaubte, dass die drei hinter der Entführung steckten.

„Ihr zögert alles nur hinaus. Desi ist doch schon deprimiert genug." Sie wusste, hier bot sich ihr eine wunderbare Gelegenheit, Desi auf ihre Seite zu ziehen und sie dem Sattelclub abspenstig zu machen. Endlich würde sie Desi ganz für sich alleine haben! Midnight und Simon waren ihr egal.

Lisa, Carole und Stevie hingegen machten sich ernsthafte Sorgen. Sie sattelten ihre Pferde, um Simon zu suchen, aber niemand wusste, wohin er mit Midnight gegangen sein könnte. Gemeinsam trabten sie ziellos durch den Wald.

Auf einmal klingelte Lisas Handy. Es war Simon.

Als die drei vom Sattelclub ihn gefunden hatten, sahen sie entsetzt den Abhang hinunter, wo der schwarze Wallach an der Kante zu einer tiefen Schlucht stand. Wie sollte er da je wieder wegkommen? Sie wussten nur eines: Sie konnten Simon und Midnight nicht im Stich lassen.

Carole sprach aus, was alle dachten: „Einer von uns muss zu ihm runter."

Stevie wandte sich an Simon: „Du bist der Einzige, auf den er hört."

Simon schüttelte den Kopf: „Vergiss es, ich vermassle es nur wieder."

Lisa ließ sich neben ihm auf dem Boden nieder und sagte ernst: „Simon, hör auf damit! Wenn er dir vertraut, dann tut er alles, was du möchtest."

„Ohne dich ist er verloren", setzte Carole nach.

Simon atmete tief durch und sah die Mädchen an. Dann fasste er sich ein Herz.

An einem Seil ließ er sich den Hang hinunter. Es schien eine Ewigkeit zu dauern. Endlich war er bei Midnight angekommen. Er ging vorsichtig einen kleinen Schritt auf ihn zu. Dabei rutschte er ab, konnte sich aber gerade noch halten.

Stevie geriet in Panik: „Schnell, wir müssen sie da rausholen, jetzt gleich!"

„Wie denn? Es ist zu eng da unten, um Midnight umzudrehen", sagte Carole verzweifelt.

Lisa behielt die Nerven. Sie überlegte. Dann rief sie Simon zu: „Sag ihm, er soll Schritt gehen. So wie auf dem Reitplatz."

Simon redete mit ruhiger Stimme auf Midnight ein und tatsächlich: Das Pferd ging mit kleinen Schritten rückwärts an der Kante der Schlucht entlang. Immer wieder gab der sandige Boden nach, und das Pferd drohte abzustürzen. Doch Midnight vertraute Simon und ging weiter mit kleinen Schritten nach hinten bis zu einer etwas breiteren Stelle, wo Simon mit ihm wenden und sicher den Hang hinaufgehen konnte.

Geschafft! Überglücklich lagen sich die Freunde in den Armen und kehrten gemeinsam nach Pine Hollow zurück.

Dort wurden sie jubelnd von Jessie und Melanie begrüßt. Nur Veronica und Desi konnten sich nicht so richtig freuen. Desi verstand einfach nicht, warum Simon mit Midnight zurechtkam und sie nicht. Mrs Reg sah, wie traurig Desi war.

„Es ist nicht dein Fehler. Pferde suchen sich ihre Freunde aus, und Midnight wollte Simon." Mrs Reg sah Desi tief in die Augen. „Aber dir liegt etwas an Midnight. Hör auf dein Herz!"

Nach diesem Gespräch wusste Desi, dass auch sie Midnight und Simon helfen musste. Als sie zusammen mit Veronica beobachtete, wie glücklich Simon war, dass er Midnight aus der Schlucht gerettet hatte, wusste sie: „Ganz sicher liebt er dieses Pferd."

Sogar Veronica war beeindruckt.

„Und das Pferd scheint ihn auch zu lieben!"

Es war schon fast drei Uhr nachmittags. Bei Sonnenuntergang wollte der Tierarzt kommen, um Midnight einzuschläfern. Noch einmal ging Mrs Reg in ihr Büro, um das Geld zu zählen, das sie in einem Reiterhelm sammelten.

Auf dem Weg dorthin sah sie, wie Veronica eilig ihr Büro verließ. Mrs Reg konnte sich nicht erklären, was sie dort gemacht haben könnte. Sorgenvoll zählte sie die Scheine. Da kam Desi dazu und legte auch noch mehrere Scheine in den Helm hinein.

„Mein Vater irrt sich. Es geht nicht bloß ums Geld. Midnight gehört zu Simon. Und ich finde schon noch ein passendes Pferd."

Desi war eine schwere Last von den Schultern gefallen, das konnte Mrs Reg sehen. Sie nahm das Mädchen in den Arm und ging mit ihm in den Stall, wo sich alle vor Midnights Box versammelt hatten und über das große Abenteuer redeten.

„Das war die aufregendste Pferderettung, die wir je erlebt haben", meinte Carole. „Aber es ist schrecklich, dass der arme Midnight jetzt trotzdem sterben muss."

Mrs Reg aber strahlte: „Wir haben die Kaufsumme zusammen!"

Da war der Jubel groß. Als Mrs Reg erzählte, dass es noch einen anonymen Spender gegeben haben musste, sah Veronica unbeteiligt zur Seite und ließ sich nichts anmerken. Im Gegenteil, sie war so unfreundlich wie immer!

Plötzlich streckte Midnight den Kopf aus der Box und knabberte an Veronicas schickem blauem Pullunder.

„Wieso ich?", schrie Veronica und sah angewidert zu dem Pferd. Unter dem Gelächter der anderen rannte sie aus dem Stall. Nur Simon sah ihr nachdenklich hinterher.

Alle freuten sich: Midnight war gerettet, und das war die Hauptsache.

Der Wettbewerb

Die Aufregung war groß an diesem Sommermorgen. Sogar Mrs Reg, sonst immer die Ruhe selbst, war aufgeregt.

„Heute werden wir entscheiden, wer von euch der beste Reiter hier auf Pine Hollow ist", sagte sie mit einem Blick auf ihre Schüler. „Louise Lomax ist eine strenge Richterin. Achtet darauf, dass eure Pferde bei den Übergängen euren Hilfen nicht zuvorkommen!"

Stolz sah sie zu, wie alle ihre Pferde für den Wettbewerb vorbereiteten.

Die Mädchen hatten sich schick gemacht, natürlich jede auf ihre Weise. Deswegen kam Veronica auch nicht umhin, sich über Stevie zu mokieren, die zur weißen Bluse eine Weste und eine hellblaue Krawatte trug. Die modebewusste Veronica hatte einen nagelneuen Blazer mit goldenen Knöpfen und ein edles helles Seidentuch gewählt.

Murray und Phil, zwei Jungen, waren auch dabei. Sie wussten, dass sie bei dem Wettbewerb noch keine Chance hatten, und nahmen die ganze Sache ohnehin nicht so ernst. Dafür amüsierten sie sich köstlich über Veronicas Getue.

Die Tribüne füllte sich rasch. Alle Reitschüler waren gekommen, denn so ein Schauspiel gab es auf Pine Hollow nicht alle Tage.

Mrs Lomax begann den Wettbewerb mit der Aufgabe „Leichttraben". Carole und Starlight meisterten das problemlos, selbst Veronica und Garnet zeigten sich als ein eingespieltes Team.

Doch Murray und Phil konnten es nicht lassen, von der Tribüne Bemerkungen über Veronica zu machen. Das ließ sich diese natürlich nicht gefallen und gab Stevie die Schuld. Schließlich wusste Veronica, dass die Mädchen vom Sattelclub sich gut mit den Jungen verstanden. Die Stimmung war ganz schön aufgeladen.

Keine gute Voraussetzung für die nächste Aufgabe: paarweises Formationsreiten. Ausgerechnet mit Veronica sollte Stevie reiten.

Veronica provozierte Stevie weiter, aber darauf fiel diese nicht herein. Stevie wusste genau, was ihre Mitreiterin damit erreichen wollte, nämlich dass sie disqualifiziert wurde.

„Anders kannst du mich auch nicht besiegen", zischte Stevie Veronica zu.

Murray und Phil hatten derweil eine neue Idee. Als Veronica das nächste Mal alleine vor der Punkterichterin ritt, setzten sie sich mit dem Rücken zum Reitplatz.

Auch der Punkterichterin waren die dauernden Anfeindungen und Zischeleien nicht entgangen. Sie ermahnte die zwei Jungen, sich zu benehmen. Die erste Zwischenwertung für die jungen Reiter und Reiterinnen fiel indes sehr positiv aus. Mrs Lomax war beeindruckt davon, wie weit sie technisch fortgeschritten waren. Aber sie ahnte, wo die Schwächen lagen.

„Was ist mit der harmonischen Kombination?", fragte sie.

Die Jungen hörten gelangweilt zu, während Louise Lomax von der Willow Creek Kunstgalerie erzählte, die ihr selbst gehörte. Für ihren Vergleich, dass es beim Formationsreiten wie in der Kunst auch um die Gesamtkomposition ging, hatten sie nichts übrig.

Veronica nutzte die Gelegenheit, sich öffentlich über Stevie und die Jungen zu beschweren.

Zum Unmut aller mussten daraufhin Veronica, Stevie und die Jungen zusammen reiten. Im Trab aussitzen war die Aufgabe.

Wie zu erwarten, ging das völlig schief. Veronica beschuldigte die Jungen, zu dicht aufzureiten, und Stevie klagte darüber, dass sich Veronica mit Absicht zurückfallen ließ.

Die Wertungsrichterin hatte genug. Sie bat Mrs Reg, ihre Schüler zur Ordnung zu rufen.

Aber das wollte Mrs Reg nicht alleine machen. Sie ging rasch auf die Suche nach ihrem Sohn Max.

Der war hinter dem Haus dabei, ein Schild zu malen. Gerade hatte er die Farbtöpfe geöffnet und alles vorbereitet. Seiner Mutter zuliebe ließ er alles stehen und liegen, damit sie beide den Mädchen und Jungen ins Gewissen reden konnten. Den Apfel, den er angebissen hatte, legte er dazu, damit er später weiteressen konnte. Keine gute Idee, wie sich zeigen sollte!

„Zu dicht aufzureiten ist nicht nur sehr unhöflich, es ist auch überaus gefährlich", ermahnte Mrs Reg ihre Schüler. Lautstark versuchten die Jungen, sich zu verteidigen.

Doch Max duldete keine weiteren Diskussionen: Er schloss die Jungen vom Wettbewerb aus.

Murray zischte Veronica im Hinausgehen zu: „Das bekommst du zurück!"

Da der Wettbewerb erst am nächsten Morgen weitergehen sollte, führten alle ihre Pferde in den Stall, um sie abzusatteln und zu versorgen. Vorher aber verkündete Mrs Lomax noch den Zwischenstand.

„Auf den ersten fünf Plätzen liegen: Lisa Atwood als Fünfte, Carole Hansen ist Vierte, Desiree Biggins ist Dritte. Ganz vorne liegen, und zwar genau punktgleich: Stevie Lake und Veronica DiAngelo."

Lisa, Carole und Stevie jubelten. Sie konnten wirklich zufrieden mit den Ergebnissen des ersten Tages sein.

Währenddessen hatte jemand den angebissenen Apfel entdeckt. Jemand, der immer hungrig war: Trouble. Der kleine Esel wollte sich den Leckerbissen schnappen, stolperte aber über die geöffneten Farbeimer. Der Apfel rollte weg.

Trouble hinterher. Der nächste Farbentopf kipp-
te um, und noch einer, Trouble rutschte auf den
glitschigen Farben herum, aber er bekam den
Apfel nicht zu fassen. Die ganze Holztafel war
schon verschmiert.

Jessie und Melanie suchten schon eine Weile
nach ihrem Esel. Als sie ihn schließlich fanden,
war die Katastrophe perfekt. In ihrer Not versuchten sie, das bunt verschmierte Schild auf dem
Parkplatz in der Mülltonne zu entsorgen. Aber es
war viel zu groß und passte nicht hinein.

Während die zwei beratschlagten, was zu tun
sei, lief Louise Lomax zu ihrem Auto auf dem
Parkplatz.

Als sie sah, wie die Mädchen mit dem großen Bild
hantierten, schob sie erstaunt ihre Sonnenbrille auf
den Kopf, um das Werk genauer zu betrachten. Sie
war hingerissen.

„Was für eine dynamische Pinselführung. Wie
heißt der Künstler?", flötete sie.

Melanie und Jessie starrten die Kunstkennerin
ungläubig an. Doch die beiden wussten sich ja immer zu helfen und nutzten die Gunst der Stunde.

„Eselado", behaupteten sie, würde er heißen.

„Klingt sehr nach Spanier", meinte Mrs Lomax.
„Ist es zu verkaufen?"

Begeistert nickten die zwei.

„Nennt mir euren Preis!", forderte die Galerie-besitzerin sie auf.

Nun gerieten die Mädchen ins Stottern, aber Jess sagte selbstbewusst: „Mindestens zwei."

Gemeint waren natürlich zwei Dollar, aber Mrs Lomax dachte in anderen Kategorien. Sie verstand 200 Dollar und fand das durchaus an-gemessen. Nicht nur das, sie wollte gerne noch mehr Werke dieses Ausnahmekünstlers kaufen.

So kam es, dass am nächsten Tag nicht nur die Wettbewerbsteilnehmer große Aufgaben vor sich hatten, sondern auch Jessie und Melanie. Sie be-reiteten Farbe und Leinwand vor, damit Trouble wieder Bilder „malen" konnte. Aber „Eselado" hatte keine rechte Lust.

Von all diesen Bemühungen ahnte niemand etwas. Außerdem waren die anderen viel zu sehr damit beschäftigt, wie der große Tag der Ent-scheidung ausgehen würde.

„Möge der beste Reiter gewinnen", gab Mrs Lomax den jungen Teilnehmern mit auf den Weg. Dann ging es auch schon los. Der Springparcours war wirklich schwierig, aber Stevie und Belle schafften es gut. Auch bei Veronica klappte es prima, bis Garnet am letzten Hindernis scheute.

Verärgert beschimpfte Veronica ihr Pferd: „Jetzt hast du mich die Führung gekostet, vielen Dank!"

Von der Tribüne aus machten Murray und Phil bissige Kommentare über Veronicas verpatzten Ritt. Sie ahnten nicht, dass Veronica eine offizielle Beschwerde einlegen würde. Daraufhin entschied Mrs Lomax, dass sie nicht beim Stechen dabei sein sollten, das nach der Mittagspause stattfinden würde.

Murray war richtig wütend.

„Dafür wirst du bezahlen, Veronica", drohte er ihr laut.

Im Stechen sollten nur noch Stevie, Veronica und Desi antreten, um die Siegerin zu ermitteln.

Stevie lag in Führung, und Veronica und Desi waren fast gleichauf. Die drei Mädchen nahmen Aufstellung. Veronica war als Erste dran. Doch sie ritt nur wenige Meter und stürzte auf einmal vom Pferd. Desi und die Mädchen vom Sattelclub liefen sofort herbei, um zu helfen. Aber zum Glück war Veronica nichts Schlimmes passiert.

Lisa, die Garnet am Zügel zum Stall führen wollte, blieb abrupt stehen. Im Sand lag einer von Veronicas Steigbügeln. Sie sah es sofort: Der Riemen war durchgeschnitten.

Wie sollte es nun weitergehen? Zuerst einmal musste Veronica versorgt werden. Auf dem Sofa im Aufenthaltsraum hüllte Desi sie in eine Decke und brachte ihr Tee. Dann versammelten sich alle anderen um sie herum.

Mrs Reg und Max waren äußerst bestürzt. Zunächst sprach niemand ein Wort, und die Jungen und Mädchen sahen sich unsicher um. Der Täter musste schließlich einer von ihnen sein.

Mrs Reg forderte: „Wer auch immer das getan hat, muss sich auf der Stelle melden."

Aber niemand wollte es gewesen sein.

Der Stallbursche Jack versuchte es auf andere Weise: „Die Hufschneidezange und auch das Hufmesser wurden aus dem großen Werkzeugkasten ausgeliehen."

„Ich habe das Messer", sagte Stevie, „aber ich …" Weiter kam sie nicht, denn Mrs Reg und Max waren so enttäuscht, dass sie den Wettkampf absagten.

Traurig setzten sich Lisa, Carole und Stevie im Stall zusammen. Murray und Phil kamen auch dazu. Carole verdächtigte die beiden, schuld an dem Unglück zu sein, weil sie Veronica mit Rache gedroht hatten. Doch das stritten die beiden vehement ab.

„Na gut, denken wir nach", meinte Carole. „Wer könnte wollen, dass Veroncia ausfällt?"

Jetzt richteten sich alle Blicke auf Stevie. Aber das glaubte natürlich niemand so richtig.

Carole hatte eine Idee: „Wir müssen ein bisschen Detektiv spielen."

Zusammen gingen sie zu Garnets Box, um den abgeschnittenen Riemen des Steigbügels noch einmal zu untersuchen. Mit dem Hufmesser, das Stevie sich geliehen hatte, schnitten sie einen ähnlichen Riemen durch.

„Sieht anders aus", stellte Phil fest.

In diesem Moment bemerkte Lisa, dass in Garnets Box die Hufschneidezange unter dem Stroh hervorlugte. Jemand musste sie dort versteckt haben.

Unterdessen hatten Max und Mrs Reg versucht herauszufinden, wer in der Mittagspause allein gewesen war und somit die Möglichkeit gehabt hätte, den Riemen unbeobachtet durchzuschneiden. Nur eine Person kam demnach dafür infrage: Veronica selbst!

Doch die stritt natürlich alles ab. Nicht nur das, sie versuchte, auch die Freundschaft mit Desi zu missbrauchen.

„Ich war mit Desi zusammen", behauptete sie.

Aber Desi wusste, dass es nicht stimmte, und sagte das auch.

Die Mädchen vom Sattelclub

Lisa, Stevie und Carole reiten am liebsten gemeinsam aus

Lisa und Prancer sind ein starkes Team

Prancer ist eine Vollblutstute

Carole und ihr
sanftmütiger
Wallach Starlight

Stevie und Belle sind unzertrennlich

Desi ist bei allen beliebt

Veronica möchte Desi gern für sich alleine haben

Wenn die Mädchen vom Sattelclub singen,
ist JB's Café immer voll

Niemand
versteht Diablo so
gut wie Lisa

Die Reiterkostüme
stehen allen gut

Beim Wettbewerb
liegt Stevie vorne

Veronica kämpft nicht immer mit fairen Mitteln

Auch wenn es mal Streit gibt – Carole,
Lisa und Stevie halten immer zusammen

Jetzt war allen klar, was passiert war. Und Veronica machte auch keine Anstalten mehr, es zu leugnen. Stattdessen schob sie die Schuld auf die anderen: „Alle hier haben mich die ganze Zeit gemobbt!"

Max zog sofort die Konsequenzen: Veronica hatte eine Woche Reitverbot.

Da der Wettbewerb abgebrochen worden war, packte Mrs Lomax ihre Sachen in das Auto. Da entdeckte sie Jess und Melanie, die versuchten, „Eselado", also eigentlich Trouble, zum Malen zu bewegen. Mrs Lomax konnte nicht glauben, was sie sah. Ein störrischer Esel und ein paar Farbtöpfe!

Melanie und Jessie schämten sich ein wenig und sahen sich betreten an. Nun winkte doch kein plötzlicher Reichtum!

Veronica hatte sich derweil in JB's Café geflüchtet. Plötzlich tauchten Lisa, Carole und Stevie mit Desi auf. Sie fanden, dass Veronica es wirklich übertrieben hatte.

Desi machte allen einen Vorschlag: „Wir veranstalten morgen ein inoffizielles Stechen. Dann klären wir die Sache unter uns."

Max war davon überhaupt nicht begeistert. Schließlich hatte er es verboten. Aber Mrs Reg war davon überzeugt, dass es wichtig für die Mädchen war, die Sache aus der Welt zu räumen.

Die Tribüne war voll, wie am Vortag. Alle wollten die Entscheidung sehen. Veronica ritt zuerst durch den Springparcours. Desi und Simon sahen ihr bewundernd zu.

Und sogar Lisa musste zugeben: „Es ist schwer, sie gern zu haben, aber reiten kann sie!"

Alles gelang Veronica hervorragend, bis sie über das letzte, schwierigste Hindernis sprang. Garnet berührte mit einem Hinterbein den Balken. Er wackelte hin und her, und schließlich fiel er zu Boden.

Nun war Stevie an der Reihe. Auch sie schaffte den ersten Teil meisterhaft. Als sie für den letzten Sprung Anlauf nahm, hielt sich Lisa lieber die Augen zu. Der Balken wackelte wieder, aber er fiel nicht. Der Jubel war groß. Stevie war die Beste!

Zum Erstaunen der Sattelclub-Mädchen rang sich Veronica dazu durch, Stevie zu ihrem Sieg zu gratulieren. Nun war auch Desi wieder stolz auf ihre Freundin, denn sie fand es wichtig, fair zu bleiben.

Auch für zwei andere wendete sich unerwartet alles zum Besten. Mrs Lomax kam noch einmal nach Pine Hollow, um Melanie und Jessie mitzuteilen, dass ein Tourist am Vorabend das Bild von „Eselado" gekauft hatte. Und er würde gerne noch mehr Bilder dieses Künstlers sehen!

Die Pionier-Parade

Carole, Stevie und Lisa ritten durch eine Gegend, in der sie noch nie waren: Ausgerechnet durch die Geisterstadt führte ihr Weg an diesem Morgen. Die grauen Nebelschwaden ließen die verfallenen Holzhäuser noch unheimlicher aussehen als sonst. Lisa ängstigte sich fürchterlich. Ein altes Schild, das früher einmal zu einer Bar gehört hatte, schwang quietschend hin und her. Lose Fensterläden klapperten, und nirgends war eine Menschenseele zu sehen.

Stevie und Carole machten sich ein wenig über Lisas Furcht lustig, aber so richtig wohl war ihnen hier auch nicht. Seit der große Goldrausch vorbei war, lebte niemand mehr in der Stadt auf dem Hügel, dem ehemaligen Sweetwater.

Da entdeckte Stevie etwas am Boden: Brüchige Bretter verdeckten einen alten Minenschacht. Auf einer der vermoderten Holzlatten stand mit weißer Farbe geschrieben: Smokey.

Darunter fand Stevie zu ihrem Erstaunen eine alte Medaille.

„Erster Platz. Vielseitigkeitsreiten, Sweetwater Pferdeclub 1957", las sie vor.

Der Wind heulte durch die alten Häuser, und Lisa wollte so schnell wie möglich weg von diesem verwunschenen Ort.

Zurück auf Pine Hollow zeigte Stevie die Medaille Mrs Reg und fragte: „Wie ist die bloß dahin gekommen? Ist bestimmt selten."

Mrs Reg lächelte und holte einen Pokal und eine Medaille vom Kaminsims.

„So selten auch wieder nicht", sagte sie lachend, „in einem anderen Jahr war das mein erster Preis."

Stevie war neugierig geworden. Wer hatte wohl 1957 gewonnen? Aber da musste Mrs Reg passen, denn damals war sie noch zu jung gewesen, um an einem Wettbewerb teilzunehmen.

Doch sie schlug Stevie vor, in alten Fotografien und Programmheften des Sweetwater Pferdeclubs zu blättern.

Während diese die alten Bilder bewunderte, bügelte Mrs Reg die Kostüme für die Pionier-Parade auf, an der sie wie in jedem Jahr mit ihren Reitschülern und Mitarbeitern teilnehmen würde.

Veronica beschäftigte sich auf ihre Weise mit der Parade. Sie wollte sie nämlich anführen. Ihre Gründe waren wie so oft wenig charmant für die anderen.

Zickig erklärte sie Lisa: „Ohne jemanden mit Klasse an der Spitze der Parade seht ihr bloß aus wie armselige Amateure in billigen Kostümen."

Lisa versuchte, ihr klarzumachen, dass der Sinn der Pionier-Parade war, an die Gründungsväter zu erinnern, die den Kontinent entdeckt hatten. Und dazu zählten Veronicas Eltern keineswegs.

Da Veronica merkte, dass die Mädchen vom Sattelclub sie niemals dabei unterstützen würden, an erster Stelle zu reiten, versuchte sie es bei Mrs Reg. Doch Mrs Reg erklärte ihr amüsiert, dass nicht sie darüber entschied, wer die Parade anführen dürfte, sondern die Beliebtheit sei entscheidend.

Obwohl es Veronica nicht gerade an Selbstbewusstsein mangelte, war auch ihr klar, dass „Beliebtheit" nicht gerade eine ihrer herausragenden Eigenschaften war. Aber erfindungsreich war sie: Sie änderte ihren Plan.

Mit Werbeflyern und einer Unterschriftenliste bewaffnet begab sie sich in JB's Café. Sie musste möglichst viele Leute finden, die dafür stimmten, dass sie die Parade anführen sollte.

Da traf es sich gut, dass Melanie und Jessie auch Unterstützung brauchten. Allerdings ganz anderer Art.

Melanie sagte es geradeheraus: „Sollte jemand Troubles Stallmiete bezahlen, dann stünden wir für dich bereit. Wir würden dir die Unterschriften besorgen, die du für deine Parade brauchst."

Veronica fand Gefallen an der Idee: „Etwa auch die vom Sattelclub?"

Jessie nickte zuversichtlich. Ihnen würde schon etwas einfallen.

Währenddessen stöberte Stevie in den alten Programmheften des Sweetwater Pferdeclubs und wurde auch schon bald fündig.

Mrs Reg interessierte sich dafür, dass 1957 eine gewisse Rosemary Cross gewonnen hatte. Sogar ein Foto von Rosemary und ihrem Pferd gab es.

Mrs Reg erinnerte sich daran, dass die Familie Cross eine Farm hinter Sweetwater besessen hatten. Aber sie glaubte, dass dort niemand mehr wohnte.

Am nächsten Morgen sattelte Stevie schon früh am Morgen ihre Belle. Sie wollte unbedingt noch mehr über Rosemary Cross herausfinden. Deswegen überredete sie ihre Freundinnen, noch einmal durch die Geisterstadt zu reiten und die Farm zu suchen, auf der Rosemary Cross einmal gelebt hatte.

Mrs Reg hatte ihr den Weg gut beschrieben. Sie fanden ein Haus mit einem verwilderten Garten, in dem allerlei alte Gerätschaften herumlagen. Aber bewohnt sah es nicht aus.

Carole und Lisa machten sich gar nicht erst die Mühe, abzusteigen. Lisa fand es ohnehin wieder gruselig.

Stevie ließ sich nicht entmutigen. Sie klopfte
an die klapprige Eingangstür und rief hinein.
Doch nichts rührte sich.

Carole und Lisa drängten Stevie zur Umkehr.
Aber Stevie war sich sicher: „Ich habe drinnen
jemanden gehört."

Als sie fortritten, schob im Haus jemand die
Gardine zur Seite und sah ihnen nach. Stevie
hatte recht gehabt.

Im Aufenthaltsraum von Pine Hollow gab es mittlerweile kaum einen Platz, an dem nicht irgendwelche altmodischen Kleider, Röcke, Hosen oder Hüte herumlagen, die Mrs Reg für die Parade herausgesucht hatte. Stevie schob vorsichtig ein Kleid und eine Bluse zur Seite und suchte sich einen Platz, um noch mehr über Rosemary Cross zu erfahren. Auf ihrem Schoß balancierte sie vergilbte Ergebnislisten und alte Fotoalben. Da stieß sie auf ein Schwarz-Weiß-Bild, auf dem ein Mädchen mit einer Medaille und einem hellen Pferd posierte.

„Sweetwater Clubmeisterin 1957. Rosemary Cross mit ihrer Grauschimmelstute Smokey" stand darunter.

Stevie stockte der Atem. Das Holzschild mit dem Namen „Smokey" hatte also nicht zufällig am Minenschacht auf der Medaille von Rosemary Cross gelegen. Smokey hieß das Pferd, auf dem diese Frau damals den Wettbewerb gewonnen hatte. Aber warum hatte sie die Dinge an einem Minenschacht liegen lassen?

Stevie ließ das keine Ruhe. Sie ahnte, dass sich irgendein Geheimnis dahinter verbarg.

Dieses Mal ritt sie alleine zu der alten Farm hinter dem Geisterhügel. Und tatsächlich: Vor dem Haus machte sich eine Frau an einem Fahrzeug zu schaffen. Aber ihre Begrüßung fiel alles andere als freundlich aus.

„Geh weg! Ich will in Ruhe gelassen werden", sagte sie unwirsch. Stevie wollte ihr zumindest die Medaille zeigen.

„Ist das Ihre?", fragte sie. „Ich habe sie auf dem Geisterhügel gefunden."

Betroffen sah die Frau auf. Dann traten ihr die Tränen in die Augen. Stevies Beharrlichkeit hatte sich ausgezahlt.

Derweil waren Melanie und Jessie auf eine List verfallen, um Unterschriften für Veronica zu sammeln. Sie behaupteten, sie bräuchten Unterstützung, damit Trouble kostenlos in Pine Hollow bleiben könne, und das funktionierte wunderbar. Bis ... ja, bis Lisa ihnen auf die Schliche kam und somit keine Chance bestand, die Unterschriften von den Mädchen vom Sattelclub zu bekommen.

Das mussten Melanie und Jessie nun Veronica beibringen. Wie zu erwarten war, wurde Veronica wütend. Keinen Cent erhielten Melanie und Jessie von ihr.

Stevie hingegen hatte erreicht, was sie wollte. Sie hatte Rosemary Cross gefunden und erfuhr nun endlich, welches Geheimnis sich hinter der Medaille im Minenschaft verbarg.

Mrs Cross erzählte ihr die tragische Geschichte: „Smokey und ich waren seit meinem achten Lebensjahr zusammen. Als ich 15 wurde, wollte mein Vater mich auf ein Internat in der Stadt schicken. Ich sagte ihm, ich würde sterben, wenn ich Smokey zurücklassen müsste."

Stevie fühlte mit, denn auch sie konnte sich überhaupt nicht vorstellen, ohne ihre geliebte Belle zu sein.

„Ich wäre abgehauen", sagte sie.

Rosemary Cross nickte.

„Ich bin nachts mit Smokey weg, als ein furchtbarer Schneesturm begann. Wir verirrten uns. Smokey wollte mich zurück in Sicherheit bringen. Wir waren nicht mehr weit von zu Hause entfernt, als sie mit einem Bein in den Minenschacht trat." Bei dieser schrecklichen Erinnerung musste Mrs Cross laut aufschluchzen. „Sie lag einfach so da. Ich streichelte ihren Kopf, bis sie kalt war."

Nun konnte auch Stevie ihre Tränen nicht mehr zurückhalten. Sie konnte so gut mitfühlen, wie fürchterlich das für Rosemary Cross gewesen sein musste.

Tröstend sagte Stevie: „Unfälle können vorkommen. Da ist niemand daran schuld." Sie legte den Arm um die Frau. Rosemary Cross war froh, dass sie dem fremden Mädchen ihre Geschichte erzählt hatte. Aber sie sagte Stevie auch, dass sie seitdem nie wieder geritten war.

Das brachte Stevie auf eine Idee. Sie ritt zurück nach Pine Hollow, wo sie den Stallburschen Jack fragte, ob sie sich die Grauschimmelstute, die seit einiger Zeit auf dem Gut lebte, ausleihen dürfte. Jack war ein gutmütiger Mensch. Und er vertraute Stevie.

So ritt Stevie auf Belle noch einmal zu der Farm hinter dem Geisterhügel, und diesmal hatte sie eine noch größere Überraschung dabei.

Rosemary Cross konnte kaum glauben, was sie sah: ein Pferd, das aussah wie Smokey.

Stevie war zufrieden. Sie hatte Mrs Cross überzeugen können, auf der stattlichen Grauschimmelstute zu reiten. Und nicht nur das, die letzte Bewohnerin von Sweetwater würde mit Stevie nach Pine Hollow kommen, um ihr beim Sortieren der vielen alten Fotos zu helfen.

Als sie auf den Hof ritten, war Veronica gerade dabei, die Liste mit den – nicht ganz ehrlich – gesammelten Unterschriften an Mrs. Reg zu überreichen. Diese hatte keine Ahnung von den faulen Tricks und konnte ihr Erstaunen nicht verbergen. Für so beliebt hatte sie Veronica nicht gehalten.

Stevie stellte Mrs Reg Rosemary Cross vor. Gemeinsam schwelgten die zwei Frauen in Erinnerungen. Sie hatten viel Spaß dabei, die alten Fotografien anzusehen. Stevie notierte, was Mrs Cross erzählte. Schließlich war die wahrscheinlich die Einzige, die alle auf den Fotos erkannte. Den ganzen Nachmittag verbrachten sie auf dem Sofa im Aufenthaltsraum, zwischen all den Kostümen, die nur darauf warteten, am Samstag gezeigt zu werden.

Plötzlich wirkte Mrs Cross bedrückt. Sie hatte ein Foto von sich mit Smokey gefunden.

Da kam Stevie eine Idee: „Haben Sie schon mal bei der Pionier-Parade mitgemacht?"

„Smokey und ich sollten sie anführen, in dem Jahr, als sie gestorben ist", antwortete Mrs Cross traurig.

Stevie sah Mrs Reg vielsagend an, und Mrs Reg nickte anerkennend. Stevie war wirklich ein schlaues Mädchen. Und sie hatte das Herz am rechten Fleck.

Am nächsten Tag war es endlich so weit. Am Abend würde die Parade zum Willow Creek Pioneer Day stattfinden. Im Aufenthaltsraum schwirrten lauter Frauen und Männer aus einer längst vergangenen Zeit herum. In Wirklichkeit waren es natürlich die Reiter und Reiterinnen von Pine Hollow, die rauschende Kleider und prachtvolle Anzüge anhatten. Lisa trug die langen dunklen Haare offen und drehte sich ganz begeistert in ihrem langen rosafarbenen Kleid vor dem Spiegel. Stevie hingegen fühlte sich in diesen Mädchenkleidern nicht wohl. Jeans waren ihr deutlich lieber.

Alle waren in bester Stimmung, nur Veronica platzte fast vor Wut. Sie hatte soeben erfahren, dass nicht sie, sondern Rosemary Cross die Parade anführen würde. Desi versuchte, sie zu beruhigen, aber Veronica rannte wutschnaubend aus dem Zimmer.

Rosemary Cross dagegen war überglücklich. Sie bat Stevie, ihr die Medaille aus dem Jahr 1957 umzuhängen. Die beiden waren richtig gute Freundinnen geworden.

Max kam in den Raum und teilte jedem mit, wo er in der Reihenfolge reiten würde. Simon musste grinsen, als er zufällig sah, wo Veronica eingeteilt war. Dieses Grinsen sah man sogar durch den falschen Vollbart hindurch, den er zu seinem Kostüm trug. Auch Veronica und Desi sahen es, als er ihnen formvollendet seine Begleitung bei der Parade anbot. Aber sie wussten nicht, was es bedeutete.

Bunte Lichterketten säumten die Hauptstraße von Willow Creek, und die Zuschauer jubelten, als der prächtige Umzug durch den Ort kam. Begleitet von Musik boten die Kutschen mit den verkleideten Reitern ein tolles Bild. Die Mädchen vom Sattelclub machten eine fantastische Figur.

Auch Veronica hätte in ihrem edlen Reitkostüm großen Eindruck machen können, hätte sie nicht so ein sauertöpfisches Gesicht gezogen. Warum bloß musste ausgerechnet sie die Schlussreiterin sein – mit einer peinlichen, blinkenden Rücklichtleuchte am Sattel?

Vom Niesen und Jucken

Desis Vater hatte sein Versprechen wahr gemacht. Er hatte für seine Tochter ein neues Pferd
gekauft, nachdem sie und Midnight nicht gut mit-
einander klargekommen waren. Das neue Pferd,
eine prachtvolle Andalusierstute, war an diesem
Nachmittag die Attraktion auf Pine Hollow. Sie
galoppierte im Gatter, und sie sah unglaublich
elegant aus. Nun musste Desi nur noch einen pas-
senden Namen für sie finden. Lisa schlug Blaze
vor, Stevie fand Sunbeam schön. Aber Veronica
hatte schon für ihre Freundin Desi entschieden.

„Ihr Name ist Adagio. Hab ich recht, Desi?",
sagte sie in einem Ton, dem Desi nicht zu wider-
sprechen wagte.

Simon meinte: „Wie wär's mit Jellybean?"

Das gefiel Desi. Veronica setzte ihr über-
heblichstes Grinsen auf und sagte pikiert:
„Ein Pferdename sollte immer elegant sein, so
wie – Adagio."

Doch da regte sich sogar bei der gutmütigen Desi der Trotz. Ihr gefiel Jellybean am besten, und so hieß die helle Stute mit den grauen Flecken ab sofort Jellybean.

Lisa, Carole und Stevie fanden den Namen prima. Das forderte Veronica nur noch mehr heraus. Sie war entschlossen, dieses Spiel um Macht zu gewinnen.

Betont langsam sagte sie: „Desi ist meine Freundin. Und es ist ihr Pferd. Und darum heißt es Adagio."

Desi wollte keinen Streit. Deswegen meinte sie, während sie ihr neues Pferd liebevoll streichelte: „Jellybean hat sich entschieden. Und zwar für Jellybean."

Den Mädchen vom Sattelclub war klar, dass Veronica das nicht auf sich sitzen lassen würde. Das würde bestimmt noch Ärger geben.

Kurz darauf kam Mrs Reg mit einem Paket zu ihnen und überreichte es Carole.

„Das ist von meinem Dad. Eine Pferdedecke!", rief Carole begeistert aus. Lisa und Stevie bewunderten die Pferdedecke, die gemustert war wie ein orientalischer Teppich. Das war wirklich etwas Besonderes.

Doch nun mussten sie sich beeilen, denn Mrs Reg wollte, dass alle zusahen, wenn Desi zum ersten Mal auf Jellybean ritt. Die Reitlehrerin stand in der Mitte des Gatters und fragte in die Runde, wie man mit einem neuen Pferd umgehen sollte.

Carole antwortete: „Man muss herausfinden, ob es gehorcht."

„Und ob es schlechte Angewohnheiten hat", fügte Stevie hinzu. Mrs Reg nickte zufrieden.

Veronica meinte: „Man sollte außerdem das Absteigen im Notfall üben!"

Die anderen sahen sie befremdet an, und auch die erfahrene Mrs Reg fand, dies sei eine sehr pessimistische Herangehensweise. Dennoch forderte sie Desi auf, es vorzumachen. Kein Problem für Desi. Sie war schließlich eine gute Schülerin.

„Füße aus den Steigbügeln nehmen", sagte sie, „Zügel fallen lassen, nach vorn beugen, die Arme um den Hals des Pferdes legen und sich auf den Boden gleiten lassen."

Als ob Veronica es geahnt hätte, beugte sich Jellybean plötzlich nach unten und machte Anstalten, sich zu wälzen. Desi konnte sich gerade noch in Sicherheit bringen.

Murray und Phil riefen belustigt: „Dein Pferd ist wohl ein Wälzer."

Veronica eilte ihrer Freundin rasch zu Hilfe und tröstete sie.

„Wir können Adagio das abgewöhnen. Ich habe ein Talent dafür, schwierige Pferde zu erziehen", sagte Veronica sehr überzeugt.

Desi sah sie skeptisch an. Das wusste sie noch gar nicht.

Carole hatte ganz andere Sorgen. Sie fühlte sich nicht gut. Andauernd musste sie niesen, ihre Augen juckten, und Husten hatte sie auch. Lisa und Stevie machten sich Sorgen um sie. Schließlich war mit einer Erkältung nicht zu spaßen.

Am nächsten Tag ging es Carole noch schlechter. Aber sie hatte kein Fieber. Vielleicht war es gar keine Erkältung? Lisa kam der Gedanke, dass es einen anderen Grund für Caroles Niesen und Jucken geben musste.

Stevie meinte: „Vielleicht ist es eine Allergie."

Die beiden versuchten, Carole zu bewegen, sich in Ruhe auszukurieren.

Lisa bekam dabei geradezu mütterliche Anwandlungen und wurde richtiggehend sauer, als Carole ihnen lieber beim Reinigen der Satteldecken helfen wollte.

Als Carole erzählte, dass sie immer nur im Stall an den Symptomen litt, ahnten die anderen, dass Carole gegen etwas allergisch sein musste, was mit Pferden zu tun hatte.

Zögernd sagte Lisa: „Vielleicht bist du ja allergisch gegen Pferde!"

Carole regte sich fürchterlich auf. Wie konnte ihre Freundin so etwas sagen? Wütend schnappte sie sich die Pferdedecken, um sie in den Stall zu bringen, und – nieste!

Simon wollte Desi auch helfen und fragte Jack, den Stallburschen, was bei Pferden gegen das Wälzen helfen könnte.

„Am besten, man wäscht sie gründlich mit einem Spezialshampoo", schlug der vor. Er half Desi dabei, Jellybean zu reinigen.

Veronica beobachtete die Aktion belustigt. Sie hielt es für völlig überflüssig. Kaum waren Desi und Simon damit fertig, wollte sie mit Desi ausreiten. Dass Desi nun aber auch Simon zum Ausritt mitnehmen wollte, passte ihr überhaupt nicht. Sie wollte Desi für sich allein. Bissig sagte sie: „Ich bin sicher, Adagio benimmt sich so schlecht wie immer."

Doch Jellybean gehorchte Desi und machte keinen Ärger. Zumindest eine Weile, dann konnte Desi nicht schnell genug absteigen und fiel genau in eine braune Matschpfütze – Jellybean wälzte sich wieder.

Desi hatte einfach kein Glück mit den neuen Pferden, die ihr Vater ihr kaufte, so schien es. Erst der problematische Midnight, und jetzt ein Wälzer wie Jellybean. Sie war völlig verzweifelt.

Veronica bot großzügig ihre Hilfe an: „Wenn du mir vertraust, dann garantiere ich dir, dass sie hundertprozentig verlässlich wird."

Dankbar sah Desi sie an: „Du bist eine gute Freundin."

„Da kann ich nur zustimmen", meinte Veronica triumphierend.

Carole hingegen war verzweifelt. Sie ging in Starlights Box und klagte ihrem treuen Pferd ihr Leid.

„Es ist furchtbar", sagte sie, „sobald ich in deine Nähe komme, geht es mir schlecht. Das ist nicht fair." Inzwischen war sie selbst davon überzeugt, dass sie eine Pferdeallergie hatte.

Lisa und Stevie wollten ihre Freundin trösten, die mit den verschwollenen Augen und der
roten Nase wirklich schlimm aussah. Aber für
Carole war das Wichtigste, dass niemand von
ihrem Problem erfuhr. Sie nahm ihren Freundinnen das Versprechen ab, niemandem davon
zu erzählen.

Je länger Simon zusah, wie Veronica versuchte, Desi für sich zu vereinnahmen, umso drängender beschlich ihn das Gefühl, dass Veronica etwas ausheckte. Darum bat er Melanie und Jessie, ein Auge auf Veronica zu haben.

Und es dauerte nicht lange, da beobachteten die beiden, wie Veronica einen Sattel an der Unterseite mit piksigen Grassamen präparierte. Das war also das Geheimnis! Als Simon davon erfuhr, wusste er, was er zu tun hatte.

Carole, Lisa und Stevie tranken einen Milchshake in JB's Café, um auf andere Gedanken zu kommen. Lisa versuchte, Carole davon zu überzeugen, mit Mrs Reg über ihr Problem zu reden und zum Arzt zu gehen.

„Vielleicht gibt es ein Mittel dagegen", sagte sie aufmunternd.

Carole schüttelte den Kopf. Mrs Reg würde ihr nur verbieten, zu reiten. Das war das Allerletzte, was sie wollte. Niemals würde sie das tun. Stevie und Lisa zuckten ratlos mit den Schultern.

Am nächsten Tag spitzte sich die Situation zu. Mrs Reg hatte ein Sprungtraining angesetzt. Obwohl Carole alles nur verschwommen sehen konnte, sprang sie mit Starlight. Das Unglück nahm seinen Lauf. Carole konnte die Distanzen nicht richtig abschätzen, das Pferd scheute und sie selbst stürzte.

Beim Absatteln redete Lisa Carole noch einmal ins Gewissen: „Du kannst so nicht weiterreiten. Das Reiten bringt dich in Gefahr." Aber Carole schob alles auf die schwierige Kombination und weigerte sich, Mrs Reg von ihrem Problem zu erzählen.

„Du bist nicht meine Mama", sagte sie verärgert und rannte aus dem Stall.

Stevie hatte sich zunächst nicht in den Streit eingemischt. Aber als Lisa ankündigte, Mrs Reg zu informieren, griff auch sie Lisa an. Schließlich hatten sie beide ihrer Freundin versprochen, das Geheimnis für sich zu behalten. Sie stritten so laut, dass Mrs Reg besorgt dazukam. Sie hatte nur Bruchstücke gehört, sagte dann jedoch: „Etwas geheim zu halten, was gefährlich ist, ist auf keinen Fall eine gute Idee."

Und Lisa erzählte.

Wie zu erwarten, entschied Mrs Reg, mit Carole einen Arzt aufzusuchen. Völlig außer sich ging Carole auf Lisa los: „Weißt du, was du getan hast? Du hast mein Leben ruiniert. Was habe ich denn jetzt noch?"

Lisa hielt ihr entgegen: „Zum Beispiel beste Freundinnen."

Carole sah sie böse an und sagte: „Ich werde nie mehr mit dir reden."

Nun mischte sich Stevie ein: „Lisa hat es für dich getan, Carole."

Doch Carole war nicht zu bremsen. Sie stellte Stevie vor die Wahl.

„Willst du mich als Freundin oder lieber diese Besserwisserin?"

Hilflos sah Stevie von einer zur anderen. Mit einem traurigen Blick in den Augen sagte sie entschuldigend zu Lisa: „Sie braucht mich mehr als du. Sie hat sonst niemanden."

Lisa blieb mit hängenden Schultern alleine zurück. Was sollte jetzt nur aus dem Sattelclub werden?

Unterdessen verfolgte Veronica weiter ihren Plan, Desi ganz für sich alleine zu gewinnen. Als sie mit Desi und Simon Pine Hollow verließ, um auszureiten, sagte sie vor Selbstsicherheit strotzend: „Ich garantiere, dass Jellybean sich heute nicht wälzt."

Der Ausritt wurde ein voller Erfolg. Desi war glücklich.

„Sie galoppiert so ruhig. Sie hat so ruhige Gänge", freute sie sich.

Simon konnte ihr nur zustimmen: „Du siehst toll aus auf ihr."

Veronica frohlockte: „Sagte ich doch. Meine Methode funktioniert."

Simon sah zu Garnet und Veronica hinüber.

„Wenn sich heute jemand wälzt, dann Garnet", sagte er mit einem vieldeutigen Grinsen.

Schon legte sich Veronicas Pferd auf die Seite. Veronica hatte Glück, dass sie nicht auf den Boden stürzte. Stattdessen landete sie in einem Wassertrog und kam pitschnass wieder zum Vorschein. Fassungslos schnappte sie nach Luft.

Desi half ihr und fragte: „Wie kommt das denn? Wieso wälzt sich jetzt Garnet?"

Simon ging zu Veronicas Pferd und zog unter dem Sattel die großen Grassamen hervor.

„Ziemlich mysteriös", sagte er und sah mit Genugtuung, wie Veronica sich ärgerte.

Desi verstand nicht.

„Wenn bei Jellybean auch Grassamen das Problem waren, wie kamen die dann von einem Pferd zum anderen?"

Simon sah Veronica herausfordernd an.

Doch die war sauer und zischte ihn an: „Ich bin nicht Expertin für alles."

Simon hatte mal wieder ihre schönen Pläne durchkreuzt.

Lisa suchte derweil Trost bei ihrem Pferd. Als Stevie und Carole den Stall betraten, biss sie sich auf die Lippen. Wie sollte sie ihren Freundinnen gegenübertreten?

Carole kam auf sie zu und sagte: „Ich habe wirklich eine Allergie. Ihr hattet recht."

„Gegen Kamele!", rief Stevie dazwischen.

Zweifelnd sah Lisa die beiden an.

„Die Satteldecke von meinem Dad ist aus Kamelhaar", erzählte Carole weiter. „Ich darf wieder reiten, solange ich mich von der Decke fernhalte."

Lisa freute sich riesig.

„Tut mir leid wegen vorhin", entschuldigte sich Carole bei Lisa und streckte ihr einen Strauß weißer Margeriten entgegen.

„Ist schon vergessen", sagte Lisa und – nieste.

„Ich bin allergisch gegen Margeriten!"

Lachend und unheimlich erleichtert fielen sich die Mädchen vom Sattelclub in die Arme. Ihre Freundschaft hatte eine große Bewährungsprobe überstanden.

Lisas Entscheidung: Die Reitprüfung

Lisa war heute ganz in ihrem Element. Prancer war so ein wunderbares Pferd! Gekonnt sprangen sie über einen Baumstamm, der quer über der Wiese lag. Stevie und Carole bewunderten die beiden. Sie waren an diesem Tag früh zu einem Ausritt aufgebrochen, und die Sonne tauchte das hohe Gras in ein wunderschönes Licht.

Dennoch drängte Carole, nach Pine Hollow zurückzukehren.

Stevie war ganz ihrer Meinung: „Wenn wir die Prüfung bestehen wollen, müssen wir wirklich noch lernen."

Aber Lisa wollte viel lieber noch reiten. Sie schickte die anderen vor und versprach, rechtzeitig nachzukommen. Fröhlich galoppierte sie mit Prancer in den Wald.

Plötzlich hörte sie in der Nähe ein Wiehern. Irritiert blieb sie stehen und sah sich um. Wieder hörte sie ein Pferd. Auch Prancer wurde unruhig.

Ängstlich sah sich Lisa um. In diesem Moment tauchte genau vor ihnen ein großes schwarzes Wildpferd auf. Wiehernd bäumte es sich auf und schüttelte die prachtvolle schwarze Mähne.

Lisa erkannte es sofort: „Diablo, du erinnerst dich doch an mich!" Rasch stieg sie aus dem Sattel und ging auf das prächtige Tier zu. Aber es drehte sich um und galoppierte in den Wald davon.

Kaum war Lisa zurück bei Carole und Stevie, erzählte sie ihnen von ihrem Erlebnis. Die beiden waren eigentlich ziemlich enttäuscht, dass Lisa so spät zum gemeinsamen Lernen kam, aber trotzdem wiederholten sie mit ihrer Freundin den Stoff für die Prüfung.

Um Lisa zu helfen, hatte Stevie kleine bunte Klebezettel vorbereitet, auf denen die Körperteile des Pferdes standen.

„Kopf - Arm - Muskel", las Lisa vor. Ganz sicher war sie sich nicht, aber sie klebte den Zettel trotzdem an die richtige Stelle. „Fesselgelenk und Fesselkopf, das ist leicht", sagte sie. Aber da hatte sie sich getäuscht. Sie klebte den Zettel an die falsche Stelle.

Carole ermahnte sie: „Konzentrier dich!"

Stevie meinte kopfschüttelnd: „Das waren die einfachsten Fragen, Lisa!"

Es war nicht zu übersehen. Lisa war einfach nicht bei der Sache.

„Diablo ist da draußen", sagte sie traurig.

Ihre Freundinnen sahen ein, dass sie Lisa helfen mussten, Diablo zu suchen. Aber sie stellten eine Bedingung.

„Du machst die Prüfung, egal, was passiert", drängte Stevie.

Lisa nickte froh, sie hätte alles versprochen.

Sie ritten sofort los, entschieden aber bald, sich aufzuteilen, um das schwarze Wildpferd schneller zu finden. Nach zwei Stunden trafen sie sich wieder, aber keines der Mädchen hatte den wilden Hengst gesehen. Carole und Stevie begannen, daran zu zweifeln, dass Lisa wirklich Diablo gesehen hatte. Vielleicht war es ja nur eines der vielen anderen Wildpferde gewesen?

Da wurde Lisa sauer.

„Wenn ihr gehen wollt, dann geht ruhig! Ich finde ihn bestimmt auch allein."

Wenn Lisa sich etwas in den Kopf gesetzt hatte, brachte man sie nicht so schnell davon ab, das wussten ihre Freundinnen.

Ein starkes Gefühl sagte Lisa, dass Diablo ganz in der Nähe war. Schon damals, als Diablo für einige Zeit auf Pine Hollow gewesen war, gab es zwischen den beiden ein unsichtbares Band.

Mrs Reg führte ein Pferd, auf dem ein Mädchen mit einer dicken, großen Brille saß, auf den Reitplatz. Es sah zaghaft zu Desi und Simon, die schon für die Prüfung übten.

„Das ist Lily", stellte Mrs Reg das blasse Mädchen vor. „Es wäre nett, wenn ihr ein wenig mit ihr übt." Und leise fügte sie hinzu: „Versucht, ihr ordentlich Mut zu machen. Sie ist sehr schüchtern."

Simon sah verwundert zu, wie Lily hilflos versuchte, einen gemeinsamen Rhythmus mit dem Pferd zu finden, und dabei ohne erkennbaren Sinn die Zügel mal nach links und mal nach rechts zerrte. Das sah alles andere als harmonisch aus.

Dies entging natürlich auch Veronica nicht, die nun auch auf den Übungsplatz geritten kam. Mit einem Blick auf die etwas jüngere Lily und deren ungelenken Reitversuche sagte sie überheblich: „Die Anfängerstunde ist vorbei, ich muss mit Garnet arbeiten, also verzieht euch."

Desi und Simon widersprachen.

„Lily hat morgen ihre Reitprüfung. Sie sollte noch möglichst viel üben", sagte Simon.

Zickig antwortete Veronica: „Das sehe ich."

Lily übte weiter, aber es wurde nicht besser. Sie kämpfte eher mit ihrem Pferd, als dass sie ein harmonisches Team bildeten. Das Mädchen mit der Brille tat Desi leid. Und Simon meinte: „Ich weiß, wie sie sich fühlt."

Veronica dagegen ging zu Mrs Reg ins Büro, um sich zu beschweren.

„Lily reitet jetzt schon stundenlang. Das ist doch Zeitverschwendung. Sie braucht richtigen Unterricht. Sie lernt nie richtig traben, solange sie mit Simon rumstümpert."

Mrs Reg, die zuerst nur widerwillig zugehört hatte, drehte sich plötzlich mit einem schelmischen Grinsen um und sagte: „Veronica, manchmal überrascht du mich noch. Du möchtest Lily unterrichten. Warum sagst du mir das denn nicht gleich?"

Veronica blieb der Mund offen stehen und sie schüttelte den Kopf. Dabei stotterte sie etwas Unverständliches.

Mrs Reg kam um den Schreibtisch herum, legte dem Mädchen den Arm um die Schulter und meinte: „Irgendwann solltest du sowieso einmal zeigen, inwiefern dein Talent zum Reitlehrer reicht. Warum nicht jetzt?"

Der Überraschungscoup war Mrs Reg wirklich gut gelungen. Veronica war sprachlos – ein sehr seltener Moment.

Am Nachmittag sahen Simon und Desi zu, wie Veronica versuchte, Lily zu unterrichten.

„Hoch, runter, hoch, nein, falscher Fuß", rief sie entnervt. „Fühl den Rhythmus! Weißt du, was ein Rhythmus ist? Okay, Lily parier dein Pferd durch zum Halten! Absteigen! Führe dein Pferd ans Tor und geh immer weiter! Und zwar dahin zurück, wo du herkommst."

Lily gehorchte, blieb dann aber mit traurigem Gesicht und hängenden Schultern stehen.

Das rief Simon auf den Plan, der Ungerechtigkeiten nun mal nicht ausstehen konnte.

„Wieso bist du so gemein zu ihr?", stellte er Veronica zur Rede.

Eiskalt schmetterte sie ihn ab. Lily sei einfach ein hoffnungsloser Fall.

„Sie lernt es nie. In der Zeit kann ich lieber selber üben."

Simon setzte ärgerlich nach: „Falls sie morgen die Prüfung nicht besteht, ist es deine Schuld. Weil du nicht unterrichten kannst."

Veronica stützte die Arme in die Hüften und zischte: „Hier geht's um Talent. Und sie hat definitiv keins!"

Simon war zwar ein gutmütiger Junge, aber er war bestimmt nicht dumm. Er wusste, wie er Veronica doch noch dazu bringen konnte, Lily zu unterrichten.

Etwas leiser sagte er mit einem wissenden Lächeln: „Weißt du was? Wenn sie morgen nicht besteht, dann kommt sie wieder. Tag für Tag, Woche für Woche, bis sie es schafft."

Veronica zog die Luft ein. Zähneknirschend sagte sie: „Lily, hör mit dem Schmollen auf und komm wieder her!"

Simon grinste. Er hatte es geschafft: Veronica und Lily übten weiter.

Lisa war noch stundenlang durch die Gegend gestreift, aber sie hatte Diablo nicht gefunden. Irgendwann hatte sie sich enttäuscht einen Platz auf einer Wiese gesucht. Während Prancer graste, starrte sie eine ganze Weile unzufrieden vor sich. Sie sehnte sich nach Diablo.

Plötzlich hörte sie ganz nah ein Wiehern, und schon kam Diablo auf sie zugaloppiert. Endlich! Glücklich umarmte sie den schwarzen Wallach und streichelte seinen Kopf. Jetzt konnte sie ihn nach Pine Hollow mitnehmen.

Als er dort auf der Koppel galoppierte, musste Stevie neidlos eingestehen, dass er toll aussah.

Sein Fell glänzte in der Sonne, und der lange schwarze Schweif reichte fast zum Boden.

„Ich bin so froh, dass er da ist", meinte Lisa.

Währenddessen arbeitete Veronica hart mit Lily.

„Linker Schenkel hinterm Gurt! Kopf hoch, Fersen tief!"

Lily biss sich angestrengt auf die Lippen, doch sie wirkte jetzt schon viel sicherer auf dem Pferd. Aber sie hatte Angst vor Veronica, die dauernd nur Unzufriedenheit mit ihrer Schülerin zeigte. Lily war ihr zu zaghaft und zu langsam. In Wirklichkeit traute sie sich schlichtweg nicht genug zu.

Simon beobachtete die beiden und rief Lily zu: „Sieht gut aus!"

Zu Veronica sagte er: „Versuch es doch mal ein wenig sanfter. Manche Menschen reagieren besser, wenn man zu ihnen nett ist." Das Wort „nett" ging ihm in Veronicas Gegenwart allerdings nur mühsam über die Lippen.

Und in der Tat hatte Veronica nichts dafür übrig.

„Wer etwas erreichen will, muss leiden", schrie sie über den Reitplatz.

Lily ging in den Aufenthaltsraum, um sich etwas zu trinken zu holen. Simon folgte ihr und fand sie weinend in einer Ecke stehen. Sie gestand ihm, dass sie schon zweimal durch die Prüfung gefallen war.

Unter Schluchzen sagte sie: „Veronica hat recht. Ich werde es nie lernen."

„Ach was", meinte Simon beruhigend, „ich habe mich bisher noch nicht mal getraut, mich anzumelden."

Er sprach Lily wieder Mut zu: „Du kannst es schaffen. Du musst an dich glauben. Beweise Veronica, dass sie sich irrt!"

Genau in diesem Moment kam Veronica dazu. Streng befahl sie Lily: „Zurück aufs Pferd!"

Am nächsten Tag war es so weit. Die Prüfung begann. Während die Mädchen vom Sattelclub zusammen mit Desi und Veronica den schriftlichen Teil zuerst lösen sollten, absolvierten andere Prüflinge solange den praktischen Teil.

Auch Lily musste zuerst reiten. Obwohl Max sie aufrief, rührte sie sich nicht von der Stelle. Hilfe suchend fragte sie Simon, wo Veronica sei.

„Ich brauche sie. Ich bin schlecht im Leichttraben", sagte sie weinerlich.

Simon sprach ihr Mut zu. Aber sie hatte Angst. Zittrig stieg sie auf ihr Pferd.

So würde Lily es nicht schaffen, das sah Simon. Er musste etwas unternehmen.

Mrs Reg, die aufpasste, dass niemand abschrieb, bemerkte nicht, wie Simon am Fenster ein Schild hochhielt. „Lily braucht dich" stand darauf. Veronica zuckte mit den Schultern und schrieb weiter. Aber Simon gab nicht auf. Er hielt das Schild noch einmal hin. Diesmal war das Wort „dich" dick unterstrichen.

Tatsächlich erhob sich Veronica daraufhin, übergab der erstaunten Mrs Reg ihre Blätter und ging hinaus.

Max hatte mittlerweile alles versucht, Lily dazu zu bewegen, endlich anzufangen. Aber sie saß im Sattel, starrte stur vor sich hin und sagte keinen Ton. Da rief Simon ihr zu: „Na los, Lily, du schaffst das!"

Lily sah zu ihm hin – und entdeckte neben ihm Veronica am Gatter, die sie erwartungsvoll ansah. Lily atmete tief durch, dann ging es los. Die erste Aufgabe meisterte sie prima.

Aber dann sagte Max: „Leichttraben, bitte."

Erschrocken sah Lily zu Veronica.

„Ist okay, Lily", rief diese ihr zu, „so, wie wir es geübt haben."

Lily nickte, aber die Angst stand ihr im Gesicht.

Veronica sagte: „Hoch den Kopf, Fersen tief!"
Lily machte alles richtig, und es sah gut aus.

Sogar Veronica lächelte froh und rief: „Weiter,
gut, Lily!"

Und es klappte. Max war sehr zufrieden, und
alle klatschten Beifall. Simon war so begeistert,
dass er aus Versehen Veronica um den Hals fiel
und sie fest umarmte. Die stieß ihn zwar angewidert weg, aber das tat Simons Freude keinen
Abbruch.

Stolz nahm Lily ihre Urkunde in Empfang. Max
beglückwünschte das überglückliche Mädchen.
Lily rannte auf Simon zu und umarmte ihn dankbar: „Ohne dich hätte ich es nie geschafft!"

Veronica stand daneben und räusperte sich hörbar.

Lily drehte sich zu ihr und nahm auch sie in den Arm, was diese allerdings gar nicht gut leiden konnte.

„Du bist eine tolle Lehrerin, Veronica!", dankte ihr Lily.

Veronica schob das Mädchen mit der Brille ein Stück von sich weg und sagte von oben herab: „Weiß ich. Schön, dass du bestanden hast."

Simon und Desi lachten. Veronica würde sich nie ändern!

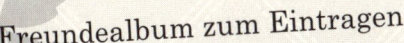